EL GRAN LIDER

EXPERTO EN LIDERAZGO

EL GRAN LIDER-EXPERTO EN LIDERAZGO

INDICE

Capítulo 1: El gen del liderazgo

Capítulo 2: Convertirse en un gran líder

Capítulo 3: Inteligencia emocional en el liderazgo

Capítulo 4: Construir equipos y relaciones exitosas

Capítulo 5: Manejar los tiempos difíciles y los conflictos de manera efectiva

EL GRAN LIDER-EXPERTO EN LIDERAZGO

Capítulo 1: El gen del liderazgo

El tema del liderazgo y la genética ha sido discutido e investigado desde que se creó el concepto de liderazgo. Los esfuerzos de investigación se han volcado en la exploración del vínculo entre ambos. ¿Los líderes nacen o se hacen? Esto va a sonar a cliché, pero hasta ahora, la genética sigue siendo considerada un gran factor para determinar la formación de líderes. Pero no todos piensan de la misma manera. Podría haber algo de verdad en ello, pero factores como las experiencias y la dinámica social también son importantes en el liderazgo.

No hay un solo factor que determine la capacidad de la persona para liderar.

Cada factor es importante hasta cierto punto.

Algunos científicos tienen un fuerte sentimiento sobre los factores genéticos y biológicos y su relación con el liderazgo. El interés por el vínculo entre la genética y el liderazgo lo provocan personas de la misma familia que asumen posiciones de liderazgo en la sociedad.

Los Kennedy y la familia Bush son dos ejemplos. Más que la genética, la ciencia también se ocupa de los rasgos biológicos y físicos que poseen los líderes. Hay estudios que muestran cómo la genética contribuye a las funciones fisiológicas y psicológicas de una persona. Estos eventualmente afectarán los rasgos cognitivos y de comportamiento de la persona, los cuales determinan si la persona es apta para el liderazgo. Las hormonas y los cambios químicos en el cuerpo afectan el funcionamiento cognitivo de la persona, un aspecto muy importante del liderazgo.

Cuando se trata de liderazgo, siempre es una cuestión de naturaleza contra naturaleza.

Sin embargo, ambas están entrelazadas entre sí y no pueden ser separadas.

El liderazgo no puede ser discutido sin considerar ambos al mismo tiempo.

Un ejemplo sería los cambios químicos y hormonales en el cuerpo que afectarán a la disposición de la persona. La disposición afectará la actitud y el comportamiento, que son factores enormes en el liderazgo.

Un ejemplo sería una persona que sufre de un desorden bipolar.

Las personas con trastorno bipolar tienden a mostrar cambios de humor muy drásticos, pasando fácilmente de la euforia a la depresión. Hay varias causas del trastorno bipolar, incluyendo los neurotransmisores que son hereditarios. Sus tendencias bipolares afectarán a su personalidad, lo que afectará a su estilo de liderazgo. Esto no quiere decir que las personas bipolares no sean líderes capaces. De hecho, se ha informado que los mayores líderes del mundo fueron bipolares (por ejemplo, Abraham Lincoln, Winston Churchill y Napoleón Bonaparte). Sin embargo, sus drásticos cambios de humor pueden tener efectos negativos en su liderazgo y en el establecimiento de la confianza con sus seguidores.

Como ya se ha dicho, no se pueden descartar los factores externos (de crianza) en el liderazgo. Los Kennedy pueden ser una familia de líderes, pero hay que tener en cuenta que los miembros están expuestos al mismo ambiente y valores. Están expuestos a casi el mismo grupo de personas y circunstancias. Incluso si la genética jugó un papel importante en su racha de liderazgo, no se puede quitar el hecho de que prosperan en un entorno común. Estuvieron expuestos al mismo tipo de experiencias y fueron criados por el mismo grupo de personas que también comparten los mismos valores. También están obligados a desarrollar opiniones similares sobre cuestiones importantes y tal vez, desarrollar el mismo estilo de liderazgo.

Hay ciertos ambientes que son propicios para moldear líderes. El entorno juega un papel muy importante en la formación de los ideales, opiniones y valores de una persona. Si los niños pequeños son criados por padres que promueven un comportamiento prosocial, los niños crecerán superando la agresión irracional y formarán relaciones saludables con sus compañeros. Los modelos de conducta cuentan mucho para la formación de los rasgos de liderazgo en una persona. Cuando un niño está rodeado de personas con fuertes atributos de liderazgo, el niño es muy probable que también absorba estos atributos. De la misma manera, los niños rodeados de modelos de conducta agresivos muy probablemente resultarán ser agresivos. La agresión y las habilidades sociales son muy importantes en el liderazgo porque para ser un líder efectivo, el individuo debe ser hábil en el trato con la gente. Los líderes deben establecer una relación con sus colegas y subordinados.

En general, muchos atributos de liderazgo

están moldeados por factores externos. Incluso si se afirma que las cualidades de liderazgo son inherentes a una persona, el hecho es que una persona seguirá desarrollándose mientras esté viva. Algunos rasgos serán más desarrollados por otros. La actitud y la personalidad de la persona será influenciada por las personas que la rodean. Otros factores ambientales que afectan a la persona (por ejemplo, la atmósfera política, las condiciones económicas, los acontecimientos que cambian la vida) también determinarán el conjunto de rasgos de liderazgo que poseerá. Tales son las experiencias formativas que pueden producir un líder.

Relacionadas con las experiencias formativas están las dinámicas sociales a las que la persona está sujeta. Por ejemplo, una determinada mujer puede tener buenas aptitudes sociales y una fuerte convicción, pero sus cualidades de liderazgo pueden no brillar al máximo si se encuentra en una sociedad en la que los hombres siempre se consideran la figura alfa. Puede que tenga el potencial de liderazgo, pero si piensa que los hombres son siempre el líder legítimo, no podrá exhibir sus cualidades de liderazgo al máximo. La posición en la familia es también un ejemplo del impacto de la dinámica social en el liderazgo. Muchos primogénitos suelen ser moldeados para convertirse en líderes, aunque no todos resultan ser buenos líderes.

Las dinámicas sociales son factores enormes hasta cierto punto, similares a la genética y a las experiencias formativas. Los tres contribuyen al desarrollo de un líder.

Algunas personas pueden o no tener cualidades inherentes de liderazgo, pero las experiencias y las relaciones en la vida afectarán a la actitud de la persona.

Las cualidades de liderazgo pueden ser mejoradas a lo largo del camino. El crecimiento y desarrollo de uno es ciertamente crucial para determinar si la persona es apta para ser un buen líder.

Los estilos de liderazgo varían pero seguramente, debe haber cualidades comunes que son comunes entre los grandes líderes. Los atributos medirán si el líder está haciendo un buen trabajo para servir a su propósito.

Los buenos líderes dan una buena primera impresión no por sus habilidades y logros. Aunque son importantes, no son las primeras cosas que su gente nota. La gente se siente atraída por líderes que rezuman carisma. El carisma es un rasgo muy atractivo e inspirador que muchos grandes líderes poseen. Identificar el carisma no es fácil porque no puede ser articulado al instante. El carisma es una combinación de muchas cosas - la forma en que una persona se para, se mueve, habla, etc. Los líderes carismáticos tienen una visión (que se discutirá más adelante) y la capacidad de articular esta visión. También deben tener la capacidad de comunicarse con el mayor número posible de personas a nivel emocional. Los líderes carismáticos hacen que otras personas sientan que son capaces de relacionarse con su situación, algo que no es muy fácil de hacer. Algunas personas piensan que el carisma es algo que no se puede aprender. Para ellos, es un rasgo inherente a cada persona. O lo tienes o no lo tienes. Pero los pensadores modernos no están de acuerdo con esta mentalidad. Piensan que la gente puede eventualmente aprender a ser carismática, empezando por ser cortés, educada y respetuosa. El punto es ser "simpático" y "simpático" con otras personas.

Los líderes carismáticos hacen que otras personas sientan que son capaces no sólo de entender su situación, sino también de relacionarse con ella. No todos tienen esta habilidad pero algunos son capaces de construir carisma a través de la edad y el tiempo.

El liderazgo requiere de buenas habilidades de la gente y sensibilidad a las necesidades de los demás, también construye bloques de carisma. Después de todo, el liderazgo no existiría si no hubiera gente para liderar. Las habilidades de la gente se construyen sobre las pequeñas cosas que la gente no olvida. Por ejemplo, aprecian que los nuevos conocidos recuerden sus nombres aunque sólo se hayan visto unas pocas veces. El carisma puede desarrollarse eventualmente, siempre y cuando la persona recuerde hacer que otras personas se sientan cómodas e importantes.

El liderazgo comienza con un enfoque y una visión. No se requiere que los líderes sean individuos omniscientes, pero deben conocer completamente el propósito y la visión de la organización que están encabezando. Sólo teniendo un enfoque se puede formar un sólido compromiso y responsabilidad. Además, un líder debe tener la competencia necesaria en su campo. Una vez más, él o ella no necesitan ser omnisciente pero se requiere un conocimiento suficiente en el campo para tomar decisiones sensatas.

Ningún líder puede soportar los desafíos del liderazgo sin valor y fuerza de carácter. De todos los miembros de la organización, los individuos que tienen responsabilidades de liderazgo no pueden ser influenciados por nada ni nadie. El líder debe recordar el propósito y la visión del liderazgo en cualquier proceso de toma de decisiones. El líder debe tener suficiente valor para hacer frente a cualquier cosa o persona que amenace con socavar esa visión. Los buenos líderes también son asertivos en la realización del trabajo y en la defensa de la visión de la organización. Él o ella debe ser lo suficientemente asertivo para hacer que la gente cumpla con sus obligaciones.

Los buenos líderes siempre deben armarse de creatividad e ingenio porque algunas situaciones les exigirán pensar fuera de la caja. No todos los problemas se pueden resolver con fórmulas de libro de texto y soluciones probadas. Deben tener el coraje suficiente para alejarse de lo convencional y encontrar mejores formas de hacer las cosas.

Por último, un buen líder debe tener mucha pasión y sentido de la servidumbre.

El liderazgo no es una hazaña fácil y si un líder intenta cumplir con sus deberes sin ninguna pasión, puede que no soporte los desafíos.

El liderazgo es una experiencia de montaña rusa y sin pasión, el líder podría encontrar difícil aceptar las dificultades. En cuanto al sentido de servidumbre, los líderes no pueden liderar si no saben lo que es servir. Además, el propósito del líder es servir a la organización y no sólo dar órdenes a la gente.

En los siguientes capítulos se profundizará en lo que hace a un gran líder y en cómo se puede alcanzar el estatus, a pesar de los desafíos. También ayudarán al lector a mejorar sus actuales habilidades de liderazgo y le darán una idea de lo que les espera como líderes.

Capítulo 2: Convertirse en un gran líder

Diferentes líderes tienen diferentes estilos de liderazgo, pero todos ellos necesitan aprender a tratar con la naturaleza humana. No es una tarea tan fácil considerando la diversidad de la naturaleza humana. Los grandes líderes tienen la capacidad de entender y trabajar con diferentes actitudes y personalidades. Para ser un líder efectivo, uno debe desarrollar finas habilidades sociales para relacionarse con diferentes tipos de personas. Las habilidades de la gente son cruciales para empoderar a las personas, lo cual es una tarea primordial en el liderazgo.

El autor ha escogido dos factores principales para discutir cuando se trata de empoderamiento. El primero, la empatía, es crucial para establecer líneas de comunicación abiertas entre las personas de una organización. El segundo, la motivación, es importante para que un equipo sea productivo.

Empatía

Un buen líder debe aprender a empatizar con la gente con la que trabajará. La empatía es la capacidad de una persona para mostrar preocupación y comprensión de las perspectivas de los demás. La empatía no debe confundirse con la simpatía. Cuando se simpatiza con los demás, se identifica con ellos hasta el punto de estar de acuerdo con las acciones y planes de la persona. La empatía no es estar de acuerdo con una persona. La empatía es ser capaz de ponerse en la posición de otra persona y entender sus pensamientos y sentimientos.

La empatía no significa estar de acuerdo con la persona todo el tiempo. La empatía sólo implica entender el punto de vista de una persona, incluso sin dar consejos. Un líder efectivo necesita mostrar empatía hacia otras personas.

Es crucial para crear confianza y fortalecer las relaciones entre las personas.

La productividad aumenta cuando las personas que trabajan juntas comparten una relación saludable. La empatía permite a los líderes profundizar en la causa fundamental del mal desempeño sin ser críticos. Al ponerse en el lugar de otras personas, pueden hacer mejores cambios en la vida de las personas.

La empatía juega un papel muy importante en el empoderamiento de las personas. No tienes que estar de acuerdo con todos y cada uno de los puntos de vista, pero como líder, tienes que dejar que la gente que te rodea se dé cuenta de que los entiendes y sabes de dónde vienen. Cuando te acerques a la gente, no dejes que tus pensamientos se vean nublados por los juicios de inmediato. Mostrar empatía lleva tiempo porque no siempre es fácil entender por qué la gente piensa y siente de la manera en que lo hace.

Al crear un entorno en el que la gente sienta que puede sentirse cómoda expresando sus opiniones y pensamientos, puede abrirse a la escucha empática.

Cuando hable con la gente, asegure al orador que tiene toda su atención. Cuando la gente está a punto de confiar sus problemas, se sienten más cómodos cuando se les asegura una atención total. Escuche al orador con una mente y un corazón abiertos. Resista la tentación de juzgarlo. Esto puede ser difícil al principio porque los prejuicios son casi inevitables, pero la conciencia de que usted tiene su propio conjunto de prejuicios debe ayudarle a evitar hacer juicios de inmediato.

Evite interrumpir al orador en todo momento, incluso si se siente muy afectado por algo. No tenga miedo de los momentos de silencio. Después de que el orador haya aireado sus pensamientos, una breve pausa le permitiría dar sentido a la situación y encontrar su propia solución. Mientras el orador está hablando, no sólo escuches las palabras que salen de la boca.

Dé sentido a las emociones que acompañan a esas palabras. Más que las palabras, debe ser capaz de responder a las emociones del hablante. Pregunte a las personas relevantes y sensatas para asegurar al orador que está interesado y que quiere entenderlo. A menudo, el orador se sentirá más a gusto con el mero esfuerzo y gesto.

Motivación

Un buen liderazgo ciertamente implica habilidades de motivación superiores. Parte del empoderamiento de las personas es ser capaz de motivarlas y ponerlas en movimiento. Como líder, es importante saber qué es lo que motiva a la gente que te rodea.

No hace falta decir que la motivación va de la mano de la empatía. Cada persona tiene diferentes aspiraciones, sueños e intereses. Un buen líder necesita aprovecharlos para que cada miembro del grupo se mueva. La gente trabaja por muchas razones - ingresos, realización personal, crecimiento, etc.

El líder debe hacer un esfuerzo por hablar con los miembros de su equipo individualmente para conocer la fuente o fuentes de motivación de cada persona.

La idea errónea común de la mayoría de los líderes es que todos los miembros del equipo están motivados por los mismos factores. Es posible que algunos miembros compartan las mismas aspiraciones, pero no siempre se aplica a todos. La motivación puede ser muy personal, lo que dificulta que los líderes inexpertos motiven a todos y cada uno de los miembros del equipo. Cuando se trata de motivación, no hay tal cosa como "una talla única para todos".

Las formas más comunes de motivación vienen de uno mismo, también conocido como motivación interna. La motivación viene del interior, por lo que los líderes deben mantener buenas líneas de comunicación con sus miembros para determinar lo que motiva a cada miembro del equipo. Hay factores externos que motivan a una persona, pero estos factores también tienen que armonizarse con los factores de motivación interna. En una organización de oficina, la motivación más común sería el salario, pero los buenos líderes saben que algo más profundo que el dinero motiva a las personas. Por ejemplo, ¿por qué la gente está deseando ganar dinero? ¿Tienen una familia que mantener? ¿Están ahorrando para ir a la escuela? Estas motivaciones son algo que un líder puede explorar cuando dialoga personalmente con los miembros de su equipo. Las personas se motivan cuando establecen objetivos muy personales, aparte del objetivo que debe alcanzarse en la organización.

Los seres humanos no son estáticos. Prosperan en constantes desafíos y estímulos. A las personas se les deben asignar tareas que cada vez son más difíciles pero que siguen siendo alcanzables. Sus tareas deben hacerlos sentir orgullosos de sí mismos por haber conquistado desafíos, ya sean pequeños o grandes. Sus tareas deben ser desafiantes pero posibles. Asegúrense de darles una retroalimentación constante sobre su desempeño para darles una sensación de realización y un vistazo a su rendimiento. Una de las fuentes de motivación más fáciles es el elogio y el reconocimiento. Las personas se sienten más motivadas para trabajar cuando sus logros y esfuerzos reciben el debido reconocimiento. Sin embargo, hay que tener cuidado con el reconocimiento. Reconozca los logros de una persona pero no lo haga de tal manera que provoque envidia y una competencia enfermiza entre los colegas.

En relación con los desafíos, otra fuente de motivación para muchas personas es una tarea que sacie su sed de conocimientos. La gente necesita estar expuesta a un ambiente donde su curiosidad sea satisfecha. Hacer que su entorno de trabajo sea más interesante para despertar la curiosidad y fomentar el aprendizaje también.

Un líder necesita averiguar constantemente qué es lo que motiva a los miembros del equipo, como grupo y como individuos. Los buenos líderes no sólo preguntan sin rodeos a sus miembros lo que les motiva, porque no todos se dan cuenta enseguida. Más bien, los buenos líderes deben explorar los valores de cada individuo.

Esto le da una visión más personal de sus vidas, lo que hará más fácil indagar en lo que les motiva.

Permita que cada miembro del equipo establezca sus propios objetivos, recordándoles sólo de vez en cuando que diseñen sus metas de acuerdo con el objetivo colectivo de la organización. Esto les dará una sensación de control sobre sus vidas, lo cual es un factor de motivación muy importante para muchas personas. Permitiéndoles establecer sus propios objetivos les dará una visión más cercana de cómo sus acciones afectarán a sus propios objetivos.

También puedes usar el trabajo en grupo o el trabajo en equipo como factores de motivación. Estos son efectivos para las personas a las que les gusta trabajar en grupo. Esto mejorará la cooperación y las relaciones en el equipo. Además, es más probable que las personas se motiven cuando saben que sus propias acciones afectarán el bienestar de otras personas. La cooperación hará que se hagan más cosas y fortalecerá las relaciones entre los miembros.

Los buenos líderes también saben cómo facilitar un ambiente competitivo para motivar a las personas. Esta táctica se utiliza en casi cualquier tipo de organización. Una competencia saludable despertará la productividad de las personas porque ganar una competencia le da a una persona una sensación de logro. Los líderes efectivos aprenderán a usar la competencia para motivar a todos los miembros del equipo.

En la medida de lo posible, los líderes deben animar a cada miembro a competir contra su propio rendimiento (incluso si están compitiendo con otras personas). Los líderes también deben asegurarse de que la competencia valga la pena incluso ante una derrota. Los líderes deben tener cuidado de no involucrar a su equipo en una lucha de poder en la que cada miembro se convierte en manipulador de los demás sólo para ganar una competición.

Como se mencionó anteriormente, diferentes personas tienen diferentes motivaciones.

Por lo tanto, hay que cultivar una relación personal con cada empleado para probar los diferentes factores que podrían motivarlos. Por ejemplo, algunas personas están motivadas por la competencia mientras que otras no trabajan bien bajo presión. Podría ser un proceso de "golpe o error" pero eventualmente, encontrarás la motivación de cada persona. Mantén las líneas de comunicación abiertas para saber cómo responde cada individuo a los factores de motivación.

Reciba retroalimentación regularmente y vea que los miembros de su equipo están motivados.

También es importante vigilar a sus miembros para comprobar si muestran signos de desmotivación. Despejen el espacio de la oficina de cualquier factor de desmotivación tanto como sea posible. Mantenga una relación saludable entre usted y sus miembros. También debe asegurarse de que los miembros mantengan relaciones armoniosas entre sí. Las personas son más productivas cuando tienen una buena relación con sus líderes y sus colegas.

Por último, asegúrese de que se cumplan los objetivos colectivos e individuales.

En conclusión, el liderazgo y el empoderamiento de las personas consiste en comprender sus deseos más profundos y ayudarles a establecer objetivos que también estén alineados con el objetivo colectivo de la organización. Es muy importante que un líder asegure a sus miembros que pertenecen a una organización en la que incluso sus objetivos y aspiraciones personales son muy valoradas.

Capítulo 3: Inteligencia emocional en el liderazgo

El liderazgo no puede tener lugar cuando el líder no tiene suficiente inteligencia emocional. Un líder con suficiente inteligencia emocional puede superar difíciles desafíos de liderazgo que no muchas personas pueden cumplir.

Los estudios realizados en los últimos años indican que las personas con una inteligencia emocional elevada son más hábiles para abordar los conflictos organizativos de forma más eficaz y rápida. Atrás quedaron los días en que el intelecto puro se equiparaba rápidamente con un buen potencial de liderazgo.

La inteligencia emocional es la habilidad de una persona para reconocer y lidiar con sus propias emociones, así como con las emociones de otras personas. Las emociones pueden fluctuar debido a los cambios hormonales, el estrés y las situaciones inesperadas que surgen, pero la cantidad adecuada de inteligencia emocional ayudará a la persona a lidiar con los cambios emocionales de manera efectiva.

Las personas tienen diferentes personalidades, necesidades y preferencias. De la misma manera, las personas tienen diferentes maneras de lidiar con las situaciones y de expresar sus emociones. Se necesita una inteligencia emocional sólida para lidiar con diferentes personalidades. Las personas pueden sentir diferentes emociones al mismo tiempo y, en la mayoría de los casos, el desafío consiste en ser capaz de lidiar con las diferentes emociones de las personas sin provocar conflictos y tensar las relaciones.

Cuando una persona tiene suficiente inteligencia emocional, es capaz de reconocer sus propias emociones y la forma en que afectan a las personas que la rodean.

La inteligencia emocional es también la capacidad de una persona de comprender cómo se siente otra persona. Huelga decir que la inteligencia emocional es necesaria en el manejo de las relaciones.

En una organización, las personas que se quedan más tiempo suelen tener una inteligencia emocional alta. De hecho, se prefiere una inteligencia emocional alta a personas con un alto coeficiente intelectual pero con una inteligencia emocional baja.

Es fácil trabajar con personas de alta inteligencia emocional, en comparación con las de baja inteligencia emocional. La inteligencia emocional alta permite a las personas lograr cosas cultivando buenas relaciones. Pueden mantener el nivel de cabeza incluso en situaciones estresantes. Las personas emocionalmente inteligentes no son inmunes a la agitación o al estrés. Sin embargo, pueden fácilmente controlar la situación y buscar una solución de la manera más calmada posible. Por lo tanto, están obligados a tomar decisiones acertadas porque manejan bien sus emociones en el proceso de toma de decisiones.

Debido a que las personas emocionalmente inteligentes son sensatas, no piensan demasiado alto o demasiado bajo de sí mismas. Conocen sus fortalezas y debilidades. Utilizan sus fortalezas cuando es necesario, pero no las muestran en exceso. De la misma manera, son lo suficientemente humildes para mirarse a sí mismos honestamente y reconocer sus debilidades. La gente emocionalmente inteligente no sucumbe fácilmente a las críticas. Pueden tomar las críticas objetivamente y usarlas para mejorar su desempeño.

Las personas emocionalmente inteligentes son buenos jugadores de equipo porque se centran únicamente en su propio éxito. Las personas con alta inteligencia emocional buscan el éxito de todo el grupo y están dispuestas a modificar sus propios intereses y caprichos para todo el equipo. Son buenos oyentes empáticos con la habilidad de leer las emociones y sentimientos de la gente. No juzgan de inmediato también. Tratan de ponerse en la situación de otras personas antes de llegar a una resolución de un conflicto en las relaciones.

Los atributos mencionados anteriormente hacen que las personas emocionalmente inteligentes sean buenas en el manejo de las personas y las relaciones.

Inteligencia emocional y liderazgo

Seguramente, las habilidades finas y excepcionales son activos valiosos en una organización. Es difícil ignorar a una persona con una brillantez desvergonzada y un talento brillante. Sin embargo, el criterio para un buen líder va más allá de la habilidad y el talento. Para permanecer en una organización, una persona necesita mucha inteligencia emocional. Esto es muy cierto, especialmente si la persona aspira a liderar una organización algún día. El líder tiene muchas responsabilidades que necesitan más que sólo habilidad y talento. Todas las responsabilidades que conlleva el liderazgo sólo se pueden llevar a cabo bien si el líder está equipado con inteligencia emocional.

El liderazgo es una actividad social. Los líderes necesitan nutrir su inteligencia emocional continuamente para ser capaces de tratar con diferentes tipos de personalidades en una organización.

La inteligencia emocional se equipara normalmente con las "habilidades de la gente". La inteligencia emocional no se trata sólo de las habilidades de la gente, aunque se necesita mucha inteligencia emocional para agudizar las habilidades de la gente. El liderazgo requiere formar y mantener relaciones con varias personalidades. Sólo un líder con una alta inteligencia emocional puede forjar relaciones sólidas con su equipo y mantenerlas. Una alta inteligencia emocional permitirá a un líder relacionarse con diversas personalidades y aún así motivar a cada miembro del equipo a cumplir con el objetivo de la organización.

El liderazgo requiere de inteligencias emocionales, especialmente en tiempos de conflicto y presión. Los conflictos y problemas surgen desde todo tipo de ángulos. El conflicto interno puede surgir de personas de la organización que se pelean entre sí. Para poder manejar tales problemas, un líder necesita inteligencia emocional para mantener las emociones bajo control. En tiempos de extrema presión, los líderes deben ser capaces de evitar los estallidos explosivos. Un buen líder debe ser capaz de poner las cosas en perspectiva en lugar de sucumbir a los arrebatos emocionales. Manejar un equipo de personalidades diversas es manejable cuando un líder tiene la cantidad adecuada de inteligencia emocional. Un líder empático que es considerado con todos los miembros del equipo tiene suficiente inteligencia emocional para confrontar a los miembros problemáticos de la organización sin romper las relaciones. La inteligencia emocional del lado del líder le permitirá ayudar al miembro problemático a expresar sus sentimientos de manera saludable.

La toma de decisiones es otra tarea de liderazgo que requiere una inmensa inteligencia emocional. Habrá muchos factores que afecten la decisión de un líder, incluyendo factores externos, críticas y situaciones imprevistas. Un líder con inteligencia emocional tendrá la suficiente sensatez para sopesar los pros y los contras de cualquier situación antes de tomar una decisión. Los líderes con inteligencia emocional tienen suficiente capacidad para tomar decisiones rápidas y bien pensadas. Los líderes deben ser emocionalmente inteligentes para poder tomar decisiones independientes, sin dejarse influenciar por factores innecesarios. Se necesita inteligencia emocional para ver clara y objetivamente las fortalezas y debilidades, especialmente las propias. Los líderes necesitan un buen vistazo a sus activos y debilidades para poder tomar una decisión y eventualmente hacer un seguimiento.

Ejercitar y mejorar la inteligencia emocional de uno para el liderazgo

La inteligencia emocional puede desarrollarse y mejorarse con el tiempo. Uno de los primeros pasos a dar sería practicar la autoconciencia en el manejo del estrés.

Reconocer las diversas emociones que se sienten cuando se está bajo presión y estrés hará más fácil abordar el tema. Al ser consciente de las diversas emociones que corren dentro de la cabeza de una persona, ésta comprenderá fácilmente las emociones antes de que éstas dominen sus pensamientos, palabras y acciones. La conciencia de sí mismo consiste en reconocer los propios sentimientos y pensamientos, pero para desarrollarla se puede recurrir a la ayuda de otras personas. Busca la retroalimentación de las personas que te rodean - supervisores, colegas, etc. También es importante obtener la retroalimentación de otras personas para reconocer el impacto de tus emociones y acciones en otras personas. Esto es importante para mejorar la dinámica y la relación de cada miembro. Si el líder puede practicar la autoconciencia, puede dar un buen ejemplo a todo el equipo.

Parte de la autoconciencia es el conocimiento de sus fortalezas y debilidades. No se puede ser demasiado humilde para restar importancia a los puntos fuertes; esto es simplemente falsa humildad. Un líder emocionalmente inteligente necesita entender que la importancia del reconocimiento de los esfuerzos sin presumir. Por otro lado, uno no puede ser demasiado arrogante con los logros y fortalezas. Una autoevaluación completa de las fortalezas y debilidades requiere coraje y honestidad. En relación con la autoconciencia, también se puede empezar a mejorar la inteligencia emocional por medio de la auto-reflexión. Observa cómo reaccionas ante ciertas situaciones, especialmente las estresantes. ¿Rompe fácilmente con un ataque? ¿Golpea fácilmente a sus colegas? Estas son las cosas que necesitas evaluar porque todas ellas forman parte de tu inteligencia emocional.

Mejorar su inteligencia emocional significa ampliar su umbral para las situaciones estresantes, ya sea un conflicto interno en la organización o una gran cantidad de trabajo. Estas cosas realmente tienen su manera de pasar factura a una persona, pero en realidad son cosas que determinan la inteligencia emocional de una persona. Un líder que carece de inteligencia emocional se alejará y sucumbirá a estos desafíos. En medio de todos estos desafíos, no sólo ondees tu bandera blanca de inmediato. No te rindas ante situaciones estresantes sin pensarlo bien. Aprende a ser consciente de tus propios pensamientos cuando te enfrentes a estas situaciones y a controlarlas. Ordena tus emociones y distánciate de ellas para que puedas poner las cosas en perspectiva. Pregúntate: "¿Qué puedo hacer y qué no puedo hacer?" Miren el problema en términos de las soluciones que pueden proporcionar y dejen ir las cosas que no tienen soluciones. Concentra tus energías en las cosas que pueden ser remediadas.

Al tratar con colegas y trabajadores problemáticos, no dejes que tus emociones guíen tus decisiones y acciones. La mayoría de las veces, una carrera profesional se destruye debido a las relaciones defectuosas con los compañeros y subordinados. No lances diatribas personales contra la persona. Si tienes la tendencia a explotar de inmediato, aléjate del problema primero y desahoga tu ira sin arremeter contra la persona. ¿Qué parte del problema es culpa de la persona? ¿Hay algo que podría haberse hecho por su parte? ¿Hay otras personas involucradas? No te centres demasiado en la persona. En lugar de eso, aborde el problema. Cuando hayas puesto las cosas en perspectiva, habla con la persona pero escucha su versión primero. Escuche sus puntos de vista sin prejuicios, juicios y estereotipos. La empatía es muy importante en este momento. Es importante como líder, especialmente cuando se toman decisiones relativas a los miembros de su equipo involucrados en el conflicto.

Incluso si uno de los miembros del equipo tiene la culpa, es tu trabajo como líder asegurarte de que el culpable reconozca sus faltas sin sentirse juzgado. Esto es un indicador de cuánta inteligencia emocional tiene un líder.

Capítulo 4: Construir equipos y relaciones exitosas

Si quieres construir relaciones exitosas con tu gente, tienes que ser capaz de proyectarte como algo más que una persona con autoridad. La gente necesita respetarte, no temerte. En el capítulo anterior, la empatía y la inteligencia emocional se discutieron largamente. Necesitarás emplear estas dos para establecer una base estable para tus relaciones con los miembros de tu equipo. También comienza con tener una buena relación contigo mismo. Esto significa conocerse a sí mismo, sus puntos fuertes y débiles, su potencial de mejora y cómo reacciona en diversas situaciones. Una vez que te familiarizas con tu personalidad, tratar con las personalidades de otras personas sería manejable.

Además, parte de la construcción de una relación exitosa con tu equipo es descubrir qué es lo que motiva a cada uno de ellos para que puedan ser más productivos y, en última instancia, encontrar el crecimiento y la realización personal por sí mismos.

Uno de los deberes del líder es hacer que toda la organización sea constantemente productiva. La productividad es sin duda importante en una organización que busca una ventaja competitiva y exitosa. La productividad se basa en el esfuerzo individual y de equipo, ambos pueden ser abordados mediante la creación de equipos. La construcción de equipos se supone que produce un grupo de individuos que trabajan juntos para ejecutar diferentes tareas. Se necesita confianza y una fuerte dinámica de equipo para ejecutar estas tareas.

¿Qué hace que un equipo sea fuerte? Un equipo sólido debe tener un objetivo común. Un equipo puede estar compuesto por miembros que realizan diferentes funciones pero siempre deben tener un objetivo primordial para poder llamarse a sí mismos un equipo. Se supone que los miembros del equipo deben realizar las tareas que se les asignan, pero deben depender hasta cierto punto de los demás miembros para alcanzar el objetivo común. Se ayudarán mutuamente si es necesario para alcanzar los objetivos comunes. Incluso si tienen metas individuales, sus metas individuales deben estar alineadas con las metas comunes. La cooperación debe estar arraigada en cada miembro del equipo en todo momento.

Las sesiones de construcción de equipos deben establecer las metas del equipo, reconocer los problemas que impiden que el equipo logre esas metas, y proponer formas para que todo el equipo alcance esas metas. Existen directrices para establecer sesiones de formación de equipos, pero la forma en que se diseña cada sesión sigue dependiendo del tamaño y la naturaleza de la organización. Por ejemplo, los equipos basados en proyectos suelen cambiar de composición constantemente. Dadas estas circunstancias, las actividades de creación de equipos deben centrarse en las aptitudes de cada persona que le permitan convertirse en un miembro eficaz del equipo. En un equipo en el que los miembros son relativamente permanentes, el enfoque se desplazará hacia la forma en que cada miembro del equipo se relaciona con los demás. Las relaciones de los miembros del equipo entre sí tendrán un impacto directo en su productividad. Por lo tanto, se debe examinar la naturaleza del equipo antes de diseñar una sesión de creación de equipo.

El objetivo de la planificación de la creación de un equipo debería hacer que cada miembro del equipo se diera cuenta de la gravedad de sus tareas. Cada miembro también debe saber por qué está participando en la organización. Al final de la construcción del equipo, se les debe recordar su propósito en la organización.

Cuando planifique las actividades de construcción de equipos, asegúrese de que haya actividades que estén relacionadas con las tareas que las personas realizan normalmente. No tiene que ser una habilidad completamente técnica, sino actividades que faciliten la dinámica del equipo mientras emplean sus habilidades. Por ejemplo, los ejecutivos de comercialización pueden participar en una actividad de creación de equipos en la que se organizan en equipos y se les da una cierta cantidad de dinero para comprar determinadas cosas. Tienen que ajustar el presupuesto sin comprometer la calidad de sus artículos y las limitaciones de tiempo. Al final, los participantes tienen que darse cuenta de que tienen que pensar como sus clientes.

Además, trabajar en esta actividad en grupos fomentará una lluvia de ideas productiva.

Las actividades de creación de equipos también deben centrarse en la resolución de conflictos. Aunque se asignará un capítulo para ello, vale la pena discutir la resolución de conflictos en términos de creación de equipos. Diferentes tipos de conflictos asolarán a los miembros del equipo y amenazarán su relación. Cada miembro debe estar equipado con las habilidades necesarias para manejar los conflictos a fin de asegurar una relación armoniosa entre ellos mismos, sus líderes y las personas con las que tratan regularmente.

El conflicto no es la ruina total de una organización. Puede facilitar la generación de ideas brillantes y el fortalecimiento de las relaciones, siempre y cuando el conflicto se maneje bien.

Una de las formas más sensatas de gestionar el conflicto es mejorar las líneas de comunicación entre los miembros de la organización. Puede que quieras dividir tu equipo en parejas y dejar que cada pareja se posicione espalda con espalda. Una persona debe sostener un papel y un lápiz mientras que la otra sostiene una imagen de una forma (definitiva o abstracta). La persona que sostiene la imagen debe describir la forma a la persona con el lápiz y el papel, dando todos los detalles posibles. A los pares se les da un límite de tiempo. Una vez que el temporizador se apaga, los pares deben comparar su representación con la forma original. ¿Cómo describió la persona con la imagen la forma? ¿Fue bien descrita? ¿La persona con el papel y el lápiz dibujó la imagen con suficiente precisión? ¿Hubo algún problema de comunicación? Estas son las preguntas que la resolución de conflictos debe abordar.

Los conflictos suelen surgir de la falta de confianza, un gran asesino del espíritu de equipo. Si está llevando a cabo un seminario de formación de equipos en un espacio enorme, puede realizar esta actividad. Para ello, desparrame objetos con obstáculos (por ejemplo, conos, sillas, cajas, bloques, mesas) por toda la sala. De nuevo, asigna el equipo en parejas.

Como líder, tome nota de que esta actividad está orientada a resolver problemas de confianza.

Por lo tanto, tal vez desee agrupar a dos personas que tengan dificultades para confiar entre sí. Dobla a ciegas a una persona y mantén a la otra fuera de la "zona de obstáculos". Ponga a la persona con los ojos vendados en el medio del área y deje que la otra le dé instrucciones a la persona con los ojos vendados sobre cómo salir de esa área. La persona con los ojos vendados no puede hablar o hablar bajo ninguna circunstancia. La persona con los ojos vendados debe evitar los obstáculos en su camino de salida. Dejen que cada pareja haga una estrategia por unos minutos antes de comenzar, pero sólo sobre cómo comunicarse durante el juego. No dejen que vean el área.

Los líderes deben facilitar la solidaridad, incluso fuera de las sesiones de formación de equipos. Como líder, debe ser capaz de identificar si hay alguna barrera que impida a la gente trabajar en equipo. Algunos equipos, especialmente los grandes, tienden a dividirse en pequeños grupos y equipos. Los líderes deben ser capaces de hacer un seguimiento de estas cosas y reconocer la causa, ya sea insignificante o grave. A veces, la causa puede ser tan insignificante como los diferentes códigos de vestimenta por departamento. Si esta es la causa del conflicto, debería haber un código de vestimenta impuesto a todos los miembros del equipo.

Este fenómeno es muy común en las grandes organizaciones (por ejemplo, el departamento de comercialización entra en conflicto con el departamento de recursos humanos, una sucursal se queja de la oficina central, etc.). Los líderes con cargos directivos estarían tentados de albergar una función social corporativa para erradicar estos límites, pero este plan puede resultar contraproducente si no se planifica adecuadamente. Por ejemplo, en un picnic corporativo casual donde todos los empleados están invitados, podrían seguir buscando a sus amigos y recurrir a las camarillas. Peor aún, esto puede iniciar una pelea ya que todos los empleados están en un mismo lugar.

Si quieres mejorar las relaciones entre los miembros o compañeros de trabajo, puedes empezar por identificar las barreras o los marcadores que dividen a las personas antes de reunirlas en una sesión de formación de equipos o en una función social. Enumera los conflictos específicos entre el equipo y los resuelve con las personas involucradas. Por ejemplo, las camarillas en la oficina podrían ser causadas por el idioma y las barreras culturales. FI este es el caso, puedes ocasionalmente agrupar a personas de diferentes razas para ciertas tareas.

Fomentar la transparencia y la honestidad en los diferentes departamentos, pero también muy técnicos. A veces, la brecha se hace más grande cuando se asignan dos grupos diversos para trabajar entre sí, pero uno de ellos utiliza términos de la jerga cuando habla con no expertos. Desaliente esta actitud de los empleados, especialmente del personal técnico.

Los miembros del equipo tienen más probabilidades de tener relaciones fuertes entre sí si tienen una buena relación con su líder. Mientras su equipo construye relaciones, guíelos y vigílelos en consecuencia. Saber que tienen un líder al que pueden consultar y que puede entender les hará sentirse seguros y confiados en la formación de relaciones con sus compañeros.

La construcción de equipos es un proceso continuo. Determinar su éxito no se hace en una sola sesión. Y, cualquier organización que busque mantenerse en forma siempre debe buscar fortalecer sus equipos. Esto no puede hacerse en una sola sesión de construcción de equipo. Al final, los líderes deben recordar que la construcción de equipos es un proceso a largo plazo. La gente usualmente se une a una organización con la esperanza de permanecer tanto tiempo como sea posible, buscando el crecimiento y la auto-realización.

Con esto en mente, el líder debe hacer un punto para establecer la formación de equipos como un proceso continuo y permanente. Es inútil establecer un proceso de construcción de equipo sólo para volver a las actividades normales como si nunca se hubieran realizado actividades de construcción de equipo. Con el paso del tiempo, las actividades de creación de equipos deben modificarse de acuerdo con las competencias, fortalezas y debilidades de los miembros. Las actividades de creación de equipos deben planificarse en relación con los frutos de las sesiones anteriores de creación de equipos. Nunca se debe suponer que el éxito de la creación de un equipo no se detiene con una sola sesión. Los equipos y las relaciones de organización deben ser alimentados constantemente si se quiere que permanezcan progresivos y estables al mismo tiempo.

Capítulo 5: Manejar los tiempos difíciles y los conflictos de manera efectiva

Incluso los mejores líderes están obligados a encontrar obstáculos en el camino. De hecho, los líderes no lo tienen fácil porque su posición los pone bajo constante escrutinio público. Cada error que cometen se magnifica y, a veces, los líderes se sienten como si estuvieran siendo arrastrados en todas las direcciones. Los errores son inevitables porque el liderazgo es un proceso de aprendizaje. Uno comete errores, aprende de ellos y se eleva por encima de ellos.

Siempre es bueno prepararse cuando uno se

mete en algo - pasatiempo, carrera, actividad, etc. El liderazgo no es diferente. En el liderazgo, hay algunos puntos que debes recordar para prepararte para enfrentar los escollos.

Uno de los obstáculos que los líderes deben evitar es la falta de concentración.

El liderazgo no significa que asumas todas las tareas o que se te exija que lo sepas todo. Como líder, es tu trabajo motivar a tu equipo y racionalizar todas las actividades para alcanzar un objetivo común. Es tu trabajo llevar a tu equipo a la dirección correcta. Tu equipo te admirará y confiará en ti para que lo dirijas. Puedes pedirles que hagan algunas cosas por su cuenta pero es tu deber como líder proporcionarles una dirección. Es fácil perder de vista el objetivo porque como líder, vas a emprender un conjunto diverso de tareas. A menudo, es fácil perder la concentración en medio de todas estas tareas. Los líderes deben recordar siempre que antes de ejecutar una tarea o facilitar una actividad, deben asegurarse de que están alineados hacia el objetivo final común.

El segundo obstáculo es peligroso. Muchos aspirantes a líderes empiezan con la promesa de servir en lugar de ser servidos y poner el bienestar de los demás por delante del suyo. Pero permanecer ahí arriba es difícil en términos de manejo del poder. El poder puede emborrachar a un líder. Los líderes disfrutan de privilegios y prestigio. Cuando estás en la cima, puedes fácilmente colar tu propia agenda y ponerla por encima de la de todo el grupo. Los líderes deben evitar esta trampa porque aunque al principio parezca glamoroso, con el tiempo será destructivo para toda la organización. Cuando la organización se desmorona, es el líder el que normalmente asume la primera culpa. Ponerse en primer lugar en sus prioridades es especialmente tentador en tiempos difíciles. Los políticos corruptos caen en esta trampa. Sin embargo, no suelen disfrutar de un final feliz. Hay mucha servidumbre en el liderazgo. Siempre ponga su organización y su causa por encima de su agenda personal.

Los buenos líderes tienen ojos de halcón cuando se trata de detalles. Se aseguran de que todos los cabos sueltos estén atados y que los pequeños problemas sean resueltos. Esto es sin duda un buen rasgo pero si esto va demasiado lejos, podría haber una tendencia del líder a micro gestionar las cosas más pequeñas e innecesarias. Como se mencionó anteriormente, los líderes no deben hacer todas las tareas de sus equipos. De hecho, puede haber algunas cosas técnicas de las que el líder o el gerente pueden no ser conscientes. A veces, un líder tiene que dejar pasar algunas cosas para centrarse en cosas más importantes. Cuando los líderes se centran demasiado en los detalles innecesarios, pierden de vista el panorama general. Esto también los pone en riesgo de perder el enfoque, lo que los lleva de vuelta al primer problema. Los líderes necesitan aprender cuáles son las cosas importantes para saber en qué concentrarse.

Debido a que se supone que los líderes deben guiar a todo el equipo, existe la noción de que los líderes son infalibles. A veces, esto llega a la cabeza de algunos líderes.

Cuando cometen un error o una mala decisión, pueden tomarlo personalmente o negarse a reconocerlo. Ambas reacciones no son saludables porque en realidad, los líderes todavía pueden cometer errores. El liderazgo es un proceso de aprendizaje.

No todo lo que sabes inicialmente se aplicará a tu contexto. Tienes que hacer ajustes a tus juicios. A veces, sólo te das cuenta de esto cuando cometes errores. Los errores deben evitarse naturalmente, pero una vez que están ahí, hay que reconocerlos. Los líderes deben aceptar sus errores para aprender de ellos y tomar mejores decisiones la próxima vez.

Los líderes se encontrarán con problemas que tal vez no hayan encontrado antes. Algunos de estos problemas pueden ser sólo ligeras variaciones de los problemas que normalmente encuentran.

Otros son completamente diferentes, algo para lo que no tienen soluciones inmediatas. Por muy nuevos que sean estos problemas, los líderes siempre deben estar preparados para adaptarse a cualquier situación para la supervivencia de su organización. Las conferencias, seminarios y talleres sólo llegarán a un punto. Sin embargo, estos no le proporcionarán soluciones a todos los problemas. Los grandes líderes tienen la capacidad de hacer frente a las circunstancias impredecibles que les suceden.

La capacidad de abrazar el cambio es el arma esencial de todo líder para dirigir la organización hacia la dirección correcta, incluso si pierde de vista su camino a lo largo del mismo.

Los líderes necesitan sentido común, creatividad e ingenio para adaptarse a circunstancias impredecibles. Además, parte de la adaptación a los cambios es dejar ir las mentalidades ineficaces. Los buenos líderes confían en la estructura convencional, pero también saben cuándo dejarla ir cuando no funciona en determinadas circunstancias. Los líderes deben ser críticos tanto con las viejas como con las nuevas mentalidades para buscar constantemente mejores formas de hacer las cosas.

La falta de comunicación es otro problema común que los líderes encontrarán. Incluso los más experimentados no se salvan. Los nuevos líderes se enfrentan a problemas de comunicación porque todavía se están familiarizando con sus equipos. Los líderes experimentados pueden encontrar problemas de comunicación cuando se vuelven demasiado complacientes y se niegan a escuchar a su equipo, pensando que ya saben cómo manejar los asuntos. El éxito de una organización depende en gran medida de la interacción de sus miembros.

Dados los tiempos cambiantes y las

circunstancias impredecibles, la forma segura de manejar la dinámica de una organización es mantener las líneas de comunicación abierta e imparcial tanto como sea posible. Los líderes deben procurar establecer a su equipo que, aunque no siempre estén de acuerdo con todos sus miembros, siguen siendo accesibles y dispuestos a diálogos comunicativos.

Un liderazgo fuerte y respetable no significa que los desafíos y obstáculos no se presenten. Simplemente significa que el líder tiene las habilidades adecuadas para superar esos obstáculos. De hecho, son esos obstáculos los que determinan si el líder merece o no los privilegios y responsabilidades.

Manejo de conflictos/ gestión de conflictos

En la gestión de conflictos, las líneas de comunicación abiertas son su medicina y remedio preventivo fiable. Incluso antes de que surjan los conflictos, los líderes ya deben crear un entorno en el que cada uno sea libre de expresar su mente de la manera más apropiada y respetuosa. Los líderes deben fomentar discusiones sanas durante las reuniones e incluso en conversaciones casuales. Esto abarca a todos los miembros de la organización, independientemente de la edad, el sexo, la raza y el rango.

Incluso si hay desacuerdos, no se debe perder el respeto en las discusiones. Se debe alentar a todos a que se ajusten a las diferencias de cada uno.

Cuando el conflicto ya existe, los líderes deben dar el primer paso para identificar y comprender la raíz del conflicto. No se deben emitir juicios severos hasta que todas las partes sean escuchadas. Los líderes también deben enfatizar que el objetivo de entender el conflicto es resolverlo, no hacerlo grande. Todas las partes involucradas deben ser alentadas a poner sus miras en la resolución, no en un conflicto mayor. Fomentar una sana resolución del conflicto para mejorar y fortalecer la dinámica de grupo, aumentar el respeto mutuo y obtener una mejor perspectiva de los objetivos comunes de la empresa.

En la resolución de conflictos, los líderes deben ser cautelosos a la hora de jugar el juego de la culpa. Pueden hacerlo separando a la persona del problema. Una persona puede causar un problema pero esto no le da a nadie (ni siquiera al líder) el derecho de acusar a la persona de ser el problema. Los líderes que pueden separar los problemas de las personas evitarán hacer daños permanentes en la relación.

Escuchar es un componente primario en la resolución de conflictos. El líder debe entender de dónde viene cada lado. Se les debe dar el derecho de defender su propia posición sin ofender a la otra parte. En el proceso, el líder debe facilitar la aclaración de los hechos. Se requiere objetividad del líder como facilitador. Al mismo tiempo, debe escuchar los intereses de cada parte. Esto dará una mejor visión de por qué las partes involucradas están tomando tales lados.

Una vez que todas las partes se expresen, el líder debe consolidar toda la información presentada y aclarar todos los hechos presentados a todos. No se puede formar una resolución si no todos están de acuerdo con los hechos. Resumir las declaraciones de cada lado y aclarar sus sentimientos.

Una vez que todos estén de acuerdo con el problema, todos pueden pensar en posibles soluciones. Los líderes deben tener en cuenta que hay diferentes maneras de resolver un problema. La mayoría de las veces, todas las partes involucradas tienen que comprometerse para reunirse a mitad de camino. Hay veces en que la postura de la otra parte realmente tiene que hacerse impopular, especialmente si esa postura pisa a alguien de alguna manera. También hay soluciones que dan a todas las partes lo que quieren sin el riesgo de otro conflicto. Los líderes tienen sus propios estilos de resolver conflictos. Hay líderes que intentan evitar el conflicto por completo mientras que hay algunos que se enfrentan al problema de frente para ponerle fin. Sea cual sea el estilo, también debe ajustarse al problema en cuestión.

Cuando la resolución ha sido negociada, el líder y las partes involucradas deben encontrar maneras de prevenir el conflicto en el futuro. Esto también debe construir relaciones más fuertes entre colegas.

Los líderes no deben temer al conflicto, ya que puede presentar oportunidades para reevaluar los objetivos y fortalecer las relaciones. Mientras el líder esté armado con sólidas habilidades de manejo de conflictos, no debería ser una fuente de tensión perjudicial.

www.ingramcontent.com/pod-product-compliance
Lightning Source LLC
Chambersburg PA
CBHW050254220526

45465CB00002B/681